Sinds de oprichting in 1992 zijn negentien naoorlogse
archieven ontsloten en ondergebracht bij Nederlandse
erfgoedinstellingen. Het gaat om de archieven van:

Jan Bons
Ben Bos
Pieter Brattinga
Wim Crouwel
Dick Elffers
Hard Werken
Holland Festival
Mart Kempers
Jan van Keulen
Ralph Prins
Jurriaan Schrofer
Ko Sliggers
Karel Suyling
Tel Design
Total Design
Otto Treumann
Gerard Wernars
Wild Plakken
Jolijn van de Wouw

'Gedurende de laatste 15 jaar is steeds duidelijk gebleken dat de visuele verschijningsvorm waarmee een onderneming zich presenteert, van groot bela: is. Wanneer deze in al zijn onderdelen konsekwent wordt doorgevoerd, eigenti is, en zo min mogelijk onderhevig is aan modeverschijnselen, dan heeft dit een niet te onderschatten positieve waarde.' *Benno Wissing, 1968*

Nederlands Archief Grafisch Ontwerpers

Archief Total Design - PAM

[Z]OO producties

Werkoverleg bij Total Design: Dick Schwarz, Friso Kramer, Benno Wissing,
Ben Bos, Paul Schwarz en Wim Crouwel, 1963.

'De vennootschap heeft ten doel het ontwikkelen en uitwerken van ideeën betreffende vormgeving op alle gebieden, teneinde waar mogelijk een eenheid van gedachten ("total design") hierin tot stand te brengen. Onder vormgeving wordt onder andere begrepen: vormgeving van machinaal in serie te vervaardigen produkten ("industrial design"), ruimtelijke vormgeving zoals architectuur en aanleg van produktieparken, vormgeving van presentatie zoals ontwerpen van verpakkingen, gedrukte publikaties en tentoonstellingen.' *oprichtingsakte Total Design, 1963*

Woord vooraf

Deze publicatie verschijnt ter gelegenheid van de voltooiing van de registratie en digitalisering van het archief van Total Design door het Nederlands Archief Grafisch Ontwerpers (NAGO). Het NAGO richt zich sinds 1992 op het behouden, digitaal toegankelijk maken en onderbrengen bij erfgoedinstellingen van archieven van Nederlandse grafische en industriële ontwerpers, ontwerpbureaus en illustratoren.

Voortaan zal elk registratieproject afgerond worden met een publicatie over de betreffende ontwerper of ontwerpbureau, waarbij ingezoomd wordt op werk voor één opdrachtgever. In dit geval is gekozen voor de huisstijl die Total Design in 1965 maakte voor de voormalige benzinemaatschappij PAM, een dochteronderneming van de Steenkolen Handelsvereeniging (SHV). Het destijds nog jonge en ambitieuze ontwerpbureau Total Design kreeg met deze opdracht voor het eerst de gelegenheid op grootschalige wijze invulling te geven aan het begrip 'corporate identity'. Total Design zou uitgroeien tot een van de belangrijkste ontwerpbureaus van Nederland.

In de archieven van Total Design werden meer dan 600 foto's van PAM-benzinestations aangetroffen, keurig geordend op plaatsnaam. Deze foto's hebben waarschijnlijk gefungeerd als werkdocumentatie. In deze publicatie wordt hieruit een ruime selectie getoond. Overal is het krachtige PAM-logo zichtbaar, maar minstens zo interessant is het tijdsbeeld uit de jaren '60 dat uit de foto's opdoemt: de auto's, de winkels, de kleding van de passanten. Ze geven onbedoeld een beeld van het naoorlogse Nederland dat in volle glorie herrezen is. Het werk van ontwerpbureaus als Total Design heeft aan de modernisering van ons land een onmiskenbare bijdrage geleverd.

Sinds 2003 heeft het NAGO gewerkt aan de ontsluiting van het omvangrijke archief van Total Design (1963-2000). In 2003 en 2004 werd het archief geïnventariseerd en van een plaatsingslijst voorzien. Daarna werd het archief door Total Identity – de juridische opvolger van Total Design – aan het NAGO geschonken. In 2005 werd de fraaie collectie affiches beschreven, gescand en gefotografeerd. Afgelopen jaar werd het archief ten slotte geordend en digitaal geregistreerd door vier registratoren.

In totaal zijn 1322 objecten en 2334 dossiers beschreven. Bovendien is het archief opnieuw verpakt in 724 zuurvrije dozen en affichemappen. In het kader van het programma het Geheugen van Nederland van de Koninklijke Bibliotheek werden ruim 4000 foto's met een hoge resolutie gemaakt, hetgeen de reproductiemogelijkheden bijzonder vergroot. Ook werden de archivalia uitgebreid beschreven.

Het archief bleek te omvangrijk om aan één archiefbeheerder over te dragen. Om die reden is het gesplitst: een deel is in bruikleen overgedragen aan het Stadsarchief Amsterdam (de administratie) en het andere deel aan het Graphic Design Museum

Beyerd Breda (ontwerpen en eindproducten). Het materiaal is nu beschikbaar voor onderzoekers en tentoonstellingsmakers. De gegevens en afbeeldingen zijn voor het publiek toegankelijk via de website van het NAGO (www.nago.nl) en via de website van het Geheugen van Nederland (www.geheugenvannederland.nl).

Voor de registratie, ontsluiting en digitale opslag van het Total Design-archief werd financiële steun verkregen van de Mondriaan Stichting, het Graphic Design Museum Beyerd Breda, de BankGiroLoterij, het Geheugen van Nederland, Pictoright en het VSB-fonds. Voor deze publicatie stelde het Prins Bernhard Cultuurfonds genereus een budget beschikbaar. Zonder deze royale giften zou dit omvangrijke project nooit gerealiseerd zijn. We zijn de fondsen veel dank verschuldigd.

Verder wil ik de auteurs van het boek, Frederike Huygen en Wibo Bakker bedanken voor hun enthousiaste bijdragen, evenals Robert van Rixtel van [Z]OO producties voor de productie en fraaie vormgeving, en Sybrand Zijlstra voor de nauwkeurige eindredactie. Het boek is met de grootste zorgvuldigheid bij LenoirSchuring in Amstelveen gedrukt; Arie Lenoir heeft daarop persoonlijk toegezien. Ook hem ben ik erkentelijk. Bovenal wil ik voormalig NAGO-coördinator Karin van der Heiden en de diverse registratoren van het NAGO bedanken, die sinds 2003 met veel bloed, zweet en tranen aan de inventarisatie, registratie en conservering van het archief hebben gewerkt.

Marie Christine van der Sman
directeur NAGO

februari 2009

Total Design en het gezicht van Nederland

Frederike Huygen

Wie was die fotograaf die halverwege de jaren zestig als een razende Roeland heel Nederland doorkruiste om alle PAM-benzinestations op de gevoelige plaat vast te leggen? En waarom trok hij van Denekamp naar Gaanderen en van Maurik naar Schinveld? Deze foto's, veertig jaar lang opgeborgen in een grote kartonnen doos, vormen nu een vreemde getuigenis van dorpen en straten in het nog weinig gemotoriseerde Nederland. Kleine neringdoenden plaatsten twee benzinepompen voor de deur, hingen een uithangbord op en verdienden een centje aan de langsrijdende automobilisten die een tochtje maakten met hun nieuw verworven voertuig. De auto was een heel bezit. De was wapperde vrolijk in de benzinedampen, kinderen speelden op het erf en vader sleutelde aan auto's of exploiteerde een taxiservice.

De gemoedelijkheid en de rommeligheid van deze alledaagse beelden staat in sterk contrast met het doel dat ze dienden: de

professionalisering van het imago van het benzinemerk PAM.
Opschonen, stroomlijnen, moderniseren en wanorde uitbannen
waren de belangrijkste opgaven die daarmee gepaard gingen.
Total Design was hiervoor verantwoordelijk, want dit ontwerpbureau had van de Steenkolen Handelsvereniging (SHV)
opdracht gekregen het merk PAM sterker te maken en beter te
profileren. De fotoreeks staat voor een transformatieproces van
PAM, maar illustreert tegelijkertijd de modernisering van
Nederland zoals die werd bepaald door dit bureau. De vormgeving van Total Design, met zijn abstracte symbolen en logo's,
heldere kleuren en schreefloze typografie, had namelijk in
de jaren zestig en zeventig een grote invloed op het stads- en
straatbeeld en op de vormgeving van bedrijven, diensten en
organisaties waar de burger mee in aanraking kwam.

Totale vormgeving

Huisstijlen en merken, affiches en uithangborden, interieurs
van banken en musea, standbouw en tentoonstellingen, tijd-
schriften en kranten, postzegels en telefoonboeken, briefpapier
en jaarverslagen, winkels en kantoren – Total Design maakte
zijn naam waar. Het bureau, opgericht in 1963, was een novum
in het Nederlandse ontwerplandschap, waar tot dan toe voornamelijk freelancers werkten in eenmanspraktijken. Total
Design, dat begon met drie partners/ontwerpers, een studioleider en twee zakelijk leiders, onderscheidde zich verder door
zijn claim op interdisciplinariteit en het aanbieden van alle
ontwerpspecialismen. In de oprichtingsakte heette het:
'De vennootschap heeft ten doel het ontwikkelen en uitwerken
van ideeën betreffende vormgeving op alle gebieden, teneinde
waar mogelijk een eenheid van gedachten ("total design") hierin
tot stand te brengen. Onder vormgeving wordt onder andere
begrepen: vormgeving van machinaal in serie te vervaardigen

De vormgeving van Total Design, met zijn abstracte symbolen en logo's, heldere kleuren en schreefloze typografie, had in de jaren zestig en zeventig een grote invloed op het stads- en straatbeeld en op de vormgeving van bedrijven, diensten en organisaties.

produkten ("industrial design"), ruimtelijke vormgeving zoals architectuur en aanleg van produktieparken, vormgeving van presentatie zoals ontwerpen van verpakkingen, gedrukte publikaties en tentoonstellingen.'

Het totale design, een representatief voorkomen van beeldmerk tot gebouw, werd onder andere in praktijk gebracht door buitenlandse bedrijven als Olivetti, IBM en Braun, die als lichtende voorbeelden golden. In Nederland waren dat Sikkens, Tornado, de Bijenkorf, Linoleum Krommenie en De Ploeg. Zij schakelden gerenommeerde architecten en ontwerpers in voor wat zij rond 1960 hun 'gezicht naar buiten' noemden. Daarbij zette men vooral in op een zo hoog mogelijke kwaliteit van de afzonderlijke uitingen. Total Design zou veel meer nadruk gaan leggen op de visuele eenheid en consequentie daarvan, en sloot daarmee aan op ontwikkelingen in het bedrijfsleven waar begrippen als 'corporate image', 'corporate identity' en 'huisstijl' actueel waren. Het 'bedrijfskarakter' stond in het middelpunt van de belangstelling onder invloed van de Europese markt, de internationalisering en de schaalvergroting van bedrijven.[1]

Tegelijkertijd werd in kringen van ontwerpers gesignaleerd dat de opdrachten dusdanig veelomvattend en complex werden, dat ze niet meer door één ontwerper alleen gedaan konden worden, maar teamwerk vereisten.[2] Dit schreef bijvoorbeeld de Zwitser Josef Müller-Brockmann in zijn boek *Gestaltungsprobleme des Grafikers* uit 1961. Deze ontwerper had met zijn opvattingen en met zijn vormgeving een grote invloed op Wim Crouwel, partner in Total Design. Een consequente lijn, een rationele en doelmatige benadering, dat was ook Crouwels credo en dat van de andere twee ontwerpende partners: Benno Wissing en Friso Kramer.

De rationele aanpak en het delegeren van uitvoerend werk aan andere medewerkers zou de ontwerpers meer tijd opleveren voor inhoudelijk werk en verdieping. 'In het begin van de activiteiten', zo schreef Wissing in een terugblik, 'hadden Friso, Wim en ik al gauw gezien dat voor het behandelen van grote projecten een aantal dingen genormaliseerd diende te worden waardoor het ordenen van informatie gemakkelijk kon worden geprogrammeerd en er tijd vrij zou komen voor de behandeling van intrinsieke problemen. Als er in het eindproduct variaties op moesten treden, zochten we bij voorkeur naar variaties binnen een modulair systeem, zodat onderlinge relatie, schakelbaarheid, stapelbaarheid en verwante industriële realisatie geen nazorg

---

[1] Zie artikelen in de bladen *Ariadne* en *Revue der Reclame* waarin in 1959 voor het eerst wordt gesproken van 'corporate image' in relatie tot Philips en verschillende auteurs in 1962 een verschuiving zien van de aandacht van het product(merk) naar het 'bedrijfskarakter'. In die periode organiseerde Steendrukkerij De Jong & Co enige tentoonstellingen over huisstijlen uit het buitenland.

[2] Zie het hoofdstuk over Total Design in: F. Huygen en H. Boekraad, *Wim Crouwel, mode en module*, Rotterdam 1997.

zouden vragen. Het principe was toepasbaar in architectuur, industrievorm en grafisch product.'[3]

Dat principe was normalisatie ofwel standaardisatie, en leidde onder andere tot een strikte toepassing van het stramien, een onderliggend patroon (grid) waarmee de positie van tekst en beeld op de pagina wordt bepaald. Het geloof in systeem en methode, in techniek en research, getuigde van een geloof in de maakbaarheid van de samenleving. Bovendien schiepen de ontwerpers hiermee een andere legitimatie voor hun vak. Zij waren niet langer kunstenaars, maar professionals die op gelijke voet stonden met andere specialisten in het bedrijfsleven. 'Institutions like to talk to institutions', had F.H.K. Henrion al gezegd, een ontwerper die met zijn bureau eveneens een voorbeeld was voor Total Design.

Henrion was een Britse 'design consultant' die al in 1959 pleitte voor een veelomvattende aanpak van opdrachten. 'Too many examples exist where separate concepts, created by eager specialists, express their limitations and rarely mesh when brought together, this includes as an example, the package built on independent research by motivation experts, with a trademark designed by a trademark designer [...] typography by a typographic designer, lettering by a lettering artist based on copy by an advertising agency. The result has hardly a chance to reach the full vigour of an organized unity which a singular concept can bring.'[4] Diezelfde Henrion sleepte vervolgens de grote huisstijlopdracht van de KLM in de wacht, tot verdriet van de Nederlandse ontwerpers die toen nog niet zo goed georganiseerd waren. Wim Crouwel kende hem van de Alliance Graphique Internationale en de opvattingen van de Engelse 'consultancies' waren van invloed op de opzet van Total Design.

Normalisatie ofwel standaardisatie leidde tot een strikte toepassing van het stramien, een onderliggend patroon (grid) waarmee de positie van tekst en beeld op de pagina wordt bepaald. Het geloof in systeem en methode, in techniek en research, getuigde van een geloof in de maakbaarheid van de samenleving. Bovendien schiepen de ontwerpers hiermee een andere legitimatie voor hun vak. Zij waren niet langer kunstenaars, maar professionals die op gelijke voet stonden met andere specialisten in het bedrijfsleven.

Esthetisch geweten

Geen kunstenaars maar professionals, leidinggevenden in een bedrijf. Bij Total Design hadden ze twee zakelijk leiders, Paul en Dick Schwarz, die het bedrijf mogelijk hadden gemaakt door het beginkapitaal te fourneren. Dick droeg de verantwoordelijkheid voor de administratie en de interne organisatie; Paul onderhield de contacten met de opdrachtgevers en begeleidde de voortgang van het ontwerpproces.

Toch waren de ontwerpers, ondanks hun organisatiekundige retoriek, uiteraard ook specialisten in esthetiek. Het bureau dwong met zijn constante kwaliteit respect af. Dat begon al met de inrichting van het eigen kantoor, een door Kho Liang Ie verbouwd grachtenpand in Amsterdam. Bezoekers moesten eerst een lange gang door en een trap op om zich te melden bij de receptie. Onderweg raakten zij geïmponeerd door de hypermoderne en superstrakke omgeving en boven werden ze geacht beleefd te wachten totdat de ontwerper in kwestie zich aandiende. Hij was de autoriteit in smaak en stijl, degene die verstand had van hoe iets gepresenteerd en gerepresenteerd moest worden. Bovendien nam hij de klant alle rompslomp uit handen van het regelen en organiseren van de productie. Buiten het esthetische gezag had Total Design namelijk met zijn omvang een enorme troef in handen. Het bureau kon alles aan

[3] Benno Wissing, brief aan Kees Broos 15 januari 1983, geciteerd in Broos, *Ontwerp: Total Design*, Utrecht 1985, p. 11.

[4] F.H.K. Henrion, 'Design Consultants', *Impulse*, februari 1959, pp. 36-40, p. 36, geciteerd naar Wibo Bakker, *Droom van helderheid. Huisstijlen, ontwerpbureaus en modernisme in Nederland: 1960-1975*, manuscript proefschrift.

[5] Voor de tentoonstellingen schakelde hij interieurontwerpster Marijke van der Wijst in. Van der Wijst en Duijvelshoff-van Peski functioneerden in die exposities als een hecht samenwerkend team.

en geen enkele opdracht was te gek. Dat bleek niet alleen uit de huisstijl voor PAM, maar ook uit de door Total Design verzorgde Nederlandse inzending voor de Wereldtentoonstelling van 1970. Total Design *indeed*.

Zelf herinner ik me die sfeer nog heel goed, al kwam ik pas begin jaren tachtig in aanraking met het bureau. Indertijd werkte ik als conservator bij Museum Boijmans Van Beuningen onder directeur Wim Beeren, die een heilig ontzag had voor Total Design. Daphne Duijvelshoff-van Peski was de ontwerpster die toen vanuit Total Design alles voor het museum deed en er ging werkelijk niets de deur uit voordat zij haar fiat had gegeven. Tot en met de bijschriftkaartjes bij de schilderijen, alles werd ge-tee-deed, en besproken en overlegd met haar. Zij fungeerde als het esthetisch geweten van Wim Beeren en van het hele museum. Vreemd genoeg – achteraf gezien –, ging het toen helemaal niet zozeer om een huisstijl, al werd het gebruik van hetzelfde lettertype consequent gehandhaafd. Er waren wel aanzetten tot uniformiteit in het drukwerk en tot seriematig denken met betrekking tot de catalogi, maar geen dwangmatige logo's en eigenlijk weinig voorschriften. Het ging Beeren meer om een niveau van kwaliteit en presentatie dat hij hoog wilde houden.[5]

Zwitserse School

Dat Total Design zo'n enorme reputatie kreeg, kwam niet alleen omdat het aan zoveel en aan zulke verschillende opdrachten werkte. De partners waren namelijk bij de oprichting in 1963 geen beginners, maar ontwerpers van naam. Benno Wissing (1923-2008) was een allround ontwerper die veel voor Museum Boijmans Van Beuningen en andere Rotterdamse opdracht-gevers had gewerkt. Hij was, net als Wim Crouwel, geïnteres-seerd in communicatie en nieuwe technologie, en dacht systemen en stramienen uit. Friso Kramer (1922) was bekend vanwege zijn

'De directies van ondernemingen raken er eind jaren zestig meer en meer van overtuigd dat een abstract, blikvangend symbool de snelste manier is om iedereen te informeren over de omwenteling die in de onderneming heeft plaatsgegrepen: van oud bedrijf naar een rationele, moderne en op expansie ingestelde onderneming.'

vormgeving van kantoormeubelen voor De Cirkel/Ahrend, van kachels en straatlantaarns. Ook hij had een onderzoekende geest en verdiepte zich in techniek. Wim Crouwel (1928) had ervaring met tentoonstellingen, beursstands en grafisch werk, onder andere voor het Eindhovense Van Abbemuseum. Buiten deze ontwerpers/partners had het bureau Ben Bos (1930) in dienst, afkomstig van de ontwerpstudio van Ahrend en een ervaren copy writer. Hij was aanvankelijk studioleider, maar ontwikkelde zich tot ontwerper met een eigen team.

Samen met de andere ontwerpers en medewerkers waren zij degenen die het begrip huisstijl en het modernisme van de Zwitserse School – ook wel International Style genoemd – in Nederland populariseerden. Deze 'stijl' werd gedomineerd door schreefloze typografie (lettertypen: Univers, Helvetica), vrije regelval en een voorkeur voor foto's in plaats van illustraties. Het streven was een universele en tijdloze ('objectieve') vorm- geving te bereiken, die niet modieus of trendy zou zijn.

Informeren en ordenen op een functionele manier stond voorop.

Total Design had aanvankelijk weinig concurrentie. In hun kielzog ontstond in 1965 bureau Tel Design Associated in Den Haag uit de samenwerking tussen Emile Truijen en Jan Lucassen. Tel Design raakte bekend door zijn huisstijl voor de Nederlandse Spoorwegen. Daarnaast kreeg het Britse bureau Allied Industrial Designers (AID) in ons land een voet aan de grond met grote opdrachtgevers als Albert Heijn. Pas in de jaren zeventig werden het ontwerpbureau BRS (nu Eden Communicatie) en Studio Dumbar geduchte concurrenten, met name op het gebied van huisstijlopdrachten voor ministeries en overheidsinstellingen.

Total Design wist ook uit te groeien tot een begrip omdat het lang bleef bestaan. In 2000 werd het bureau onder de naam Total Identity voortgezet. Bovendien fungeerde het als opstap in de carrière van tal van jonge ontwerpers die er het vak leerden.

Moderne organisatie

Het naoorlogse Nederland transformeerde in betrekkelijk korte tijd tot een moderne, industriële natie en stond open voor invloeden uit het buitenland. Het relatief hoge tempo van die veranderingen maakte dat overheden en opdrachtgevers ook een verschijnsel als vormgeving snel accepteerden als een nieuw onderdeel van hun beleid. Ook de ruimtelijke ordening van het land veranderde in korte tijd door de toenemende verstedelijking. In sociaal opzicht ontstond het wijd vertakte systeem van maatregelen dat we de verzorgingsstaat noemen. De aanpak van Total Design sloot naadloos aan bij de regelzucht en het sterke geloof in de maakbaarheid van het land en het maatschappelijk leven.

Tegelijkertijd groeiden en moderniseerden de bedrijven. Eind jaren zestig regende het nieuwe logo's en beeldmerken en schreef het tijdschrift *Ariadne*: 'De directies van ondernemingen raken er meer en meer van overtuigd dat een abstract, blikvangend symbool de snelste manier is om iedereen te informeren over de omwenteling die in de onderneming heeft plaatsgegrepen: van oud bedrijf naar een rationele, moderne en op expansie ingestelde onderneming.'[6] Ook de *Haagse Post* berichtte over het verschijnsel huisstijl als middel bij uitstek om een conservatief imago te veranderen in een 'toonbeeld van alles wat modern, snel en jong belooft te zijn.'[7]

De huisstijloperaties gingen meestal gepaard met een totale reorganisatie van het drukwerk, die vaak neerkwam op een sanering die veel geld bespaarde. Grafisch ontwerper Pieter Brattinga stelde dan ook een nieuwe term voor: de huisstijl was een 'ordeningsprogramma'. In lijvige boeken werden de regels voor de toepassing van logo's, kleuren, maten en stramienen vastgelegd, de zogenaamde huisstijl manuals. In het kielzog van bedrijven als PAM, SHV en Furness, volgden ook andere organisaties en instellingen.

Wim Crouwel was de vaste vormgever voor het Stedelijk Museum en Museum Fodor in Amsterdam; Benno Wissing verzorgde de bewegwijzering van luchthaven Schiphol en had concertzaal De Doelen in Rotterdam als klant; Ben Bos werkte onder andere voor uitzendbureau Randstad en supermarkt-keten De Gruyter. Ook banken en ziekenhuizen, de Bijenkorf en

[6] Jan Stark, 'Het maken van een origineel beeldmerk wordt steeds moeilijker', *Ariadne* 29 (1969) 16, pp. 480-481, p. 480.
[7] Anoniem, 'Het verpakken van de onderneming', *Haagse Post*, 26 april 1969.

Tal van gemeentes bleken eveneens vatbaar voor de huisstijlgedachte en wilden niet langer ambtelijk of autoritair overkomen. Daarmee kreeg de moderne stijl zoals Total Design die had geïntroduceerd een ruime verbreiding in de publieke sector.

het Holland Festival vonden hun weg naar het bureau. De PTT wendde zich voor haar nieuwe huisstijl tot Total Design en Tel Design gezamenlijk. De samenwerking werd geen succes en het project sleepte zich jarenlang voort, maar het uiteindelijke resultaat droeg een onmiskenbaar modernistisch karakter: het logo bestond uit de letters PTT in onderkast Univers en elke dienst kreeg zijn eigen kleur. Ook in dit geval ging het om een moderne uitstraling en de efficiency van het drukwerk, met name het opschonen van het enorme aantal verschillende formulieren.

Intussen bleken tal van gemeentes eveneens vatbaar voor de huisstijlgedachte en wilden zij niet langer ambtelijk of autoritair overkomen. Daarmee kreeg de moderne stijl zoals Total Design die had geïntroduceerd een ruime verbreiding in de publieke sector. Nederland presenteerde zich in de jaren zeventig met voorbeelden hiervan in de reizende tentoonstelling 'Dutch Design for the Public Sector' die veel bewondering opriep in het buitenland.

Dit vormgevingsbeleid drong mede door binnen vele overheids- en semi-overheidsinstellingen omdat Hein van Haaren, hoofd Dienst Esthetische Vormgeving van de PTT, in 1976 directeur werd van de Staatsdrukkerij en -Uitgeverij (SDU). Van daaruit werd de hele overheid 'omgeturnd' in de richting van de moderne vormgeving. Jelle van der Toorn Vrijthoff zwaaide bij de SDU de scepter over de afdeling vormgeving, totdat hij in 1982 aantrad als adjunct-directeur bij Total Design.

Keerzijde

De jaren zestig en zeventig waren de hoogtijdagen van het modernisme van Total Design, maar het bureau kende ook personele en financiële problemen. Friso Kramer, de gebroeders Schwarz en Benno Wissing vertrokken; Anthon Beeke en Jurriaan Schrofer kwamen de gelederen enige jaren versterken.

De keerzijde van het modernisme, dat tradities en symboliek overboord gooide, werd door columniste Renate Rubinstein in 1979 in *Vrij Nederland* breed uitgemeten. 'Er is bij ons een diepe vernietigings- of vernieuwingsmanie, een ingebouwd wegwerp-mechanisme, een merkwaardige hunkering naar de bezuiniging op wat niet "functioneel" is. Alles moet simpeler, alles moet kaler.'[8] De TD-vormgeving kwam te boek te staan als visueel armoedig en autoritair en riep ook onder ontwerpers weerstand op.

Toch lag er nog veel terrein braak bij de overheden, zoals Van der Toorn Vrijthoff had gezien bij de SDU. Daar had hij met het bureau van Jan Brinkman, Niko Spelbrink, Guus Ros en Edo

[8] Tamar, 'De Nederlandse lelijkheid', *Vrij Nederland*, 10 maart 1979.
[9] Interviews met Niko Spelbrink (13 en 17 juli 2007), Jan Brinkman (7 en 9 januari 2008), Guus Ros (10 april en 15 april 2008) door W. Westerveld, R. Homan, M. Schalken en F. Huygen. A. Piersma en T. Schoenaker, *Eden Design & Communication*, Amsterdam 2005.
[10] Aldus de directie in het voorwoord van Hub. Hubben, *Ontwerp: Total Design. De jaren tachtig*, Wormer 1989, p. 5.

Smitshuijzen (BRS) rond 1977 aan de eerste huisstijl voor een ministerie gewerkt, dat van Binnenlandse Zaken. BRS wist echter de opdracht naar zich toe te trekken en kreeg vervolgens ook andere grote opdrachtgevers, zoals TNO, de Open Universiteit, de Belastingdienst en andere ministeries. BRS wierp zich meer op als een onderzoekende partij en besteedde ook meer aandacht aan typografie. Zij ging veel dieper in op de complexiteit van organisaties en van communicatieprocessen. 'Wij gingen door tot het gaatje', vertelden de partners.[9] Dat gold onder andere het drukwerk en de formulieren, maar ook lichtten zij, méér dan Total Design, als organisatieadviseurs de hele instelling door.

Ook Studio Dumbar ontpopte zich in die periode als een geducht concurrent met werk voor de PTT/KPN, de ANWB en later voor het Rijksmuseum, het Holland Festival, het ministerie van Landbouw en Visserij, en de Politie. Het bureau van Gert Dumbar kenmerkte zich – in tegenstelling tot Total Design – door een informele en platte organisatievorm, had creativiteit hoog in het vaandel staan en speelde meer in op het postmodernisme. Het relativeren van regels en gezag kwam in dat werk tot uiting in de toevoeging van speelse, humoristische en decoratieve elementen.

Afstand nemen van het oude Total Design

Toen Jelle van der Toorn Vrijthoff begin jaren tachtig tot Total Design toetrad, was het tijd voor een nieuwe generatie en nam het bureau afscheid van de 'dogma's van het huis' en van de 'betrekkelijke voorspelbaarheid'.[10] Vormgeving diende volgens hem meer gevarieerd te zijn en meer gericht op beeld. Hij nam enerzijds afstand van de lijn-Crouwel, maar zette die anderzijds ook voort. In het overzichtsboek over Total Design in de jaren tachtig legde hij immers, net als de oorspronkelijke oprichters

23

van het bureau gedaan hadden, de nadruk op complexiteit, multidisciplinariteit en professionalisme in plaats van artisticiteit.[11] Ook het geloof in techniek en technologie was nog even sterk. Van der Toorn Vrijthoff schafte voor het bureau de toen nog peperdure ontwerpcomputer Aesthedes aan en maakte die tot het middelpunt van zijn beleid.[12]

Grote opdrachtgevers waren toen de AMRO Bank (huisstijl en inrichting kantoren), het ministerie van Onderwijs en Wetenschappen, de PTT (inrichting postkantoren), KPMG en bierbrouwerij Heineken, die maar liefst 16.000 verschillende formulieren gebruikte. Ook verzorgde Total Design de bewegwijzering voor de Hongkong en Shanghai Bank en voor science center La Villette in Parijs.

De voorgestane verrijking, variëteit en kwaliteit bleken echter moeilijker te realiseren dan gedacht en de voorsprong die het bureau met de Aesthedes had, werd al snel teniet gedaan door de digitale revolutie. Binnen de kortste keren had elke ontwerper met een computer en de juiste software precies dezelfde mogelijkheden als het grote Total Design. En ook dit keer bleek bij evaluatie dat grootschaligheid wel een garantie bood voor kwaliteit bij de aanpak van complexe opdrachten, maar lang niet altijd een inhoudelijk interessant resultaat opleverde.

In 2002, bij zijn afscheid van Total Design, concludeerde Van

[11] Zie ook: R. Mager, 'Jelle van der Toorn Vrijthoff verbreedt horizon Total Design', *Adformatie*, 23 februari 1984, pp. 30-31. B. van Lier, 'Computer maakt design eenvormiger', *Adformatie*, 14 november 2002, p. 28.

[12] Zie ook Ben Bos hierover in: D. van Ginkel, P. Hefting, *Design of a Lifetime*. Ben Bos, Amsterdam 2000.

[13] Van Lier 2002, zie noot 11.

[14] B. van Lier, 'De kille hand van Total Identity', *Adformatie*, 25 september 2003.

[15] E. Nap, 'Bureau in de breedte', *Adformatie*, 7 april 2005, pp. 30-31.

'Er is bij ons een diepe vernietigings- of vernieuwingsmanie, een ingebouwd wegwerpmechanisme, een merkwaardige hunkering naar de bezuiniging op wat niet "functioneel" is. Alles moet simpeler, alles moet kaler.' *Renate Rubinstein, 1979*

der Toorn Vrijthoff dat de computer geleid had tot verarming en eenvormigheid.[13] Eenzelfde conclusie trok journalist Bas van Lier in *Adformatie* toen het derde overzichtsboek over het bureau verscheen. Het werk miste volgens hem hartstocht en was doortrokken van 'de bleke kilheid van het compromis'.[14]

Inmiddels was Total Design Total Design niet meer, want het bureau noemde zich sinds 2000 Total Identity. De historie van Total Design was een belasting geworden en bij de overdracht van het archief aan het NAGO, vijf jaar later, verkondigde directeur Hans Brandt dan ook: 'We willen onze identiteit niet meer aan Total Design ontlenen.'[15] Er moest blijkbaar wederom met de geschiedenis gebroken worden om vernieuwing en moderniteit tot stand te brengen.

De PAM-huisstijl

Wibo Bakker

De huisstijl van benzinemaatschappij PAM viel bij introductie in 1965 op door zijn krachtige en moderne embleem: de naam in zwarte sjabloonletters met daarnaast een geabstraheerde rode druppel, beide op een helderwitte achtergrond. Voor grafisch ontwerpers was het meteen een klassieker.

Het was de eerste grote huisstijlopdracht voor het destijds nog jonge ontwerpbureau Total Design. Opdrachtgever was het moederbedrijf van PAM, de Steenkolen-Handelsvereeniging (SHV). Kosten noch moeite werden gespaard, want PAM moest een serieus aandeel in de benzinemarkt verwerven. Het embleem werd voor invoering bijvoorbeeld uitvoerig getest op leesbaarheid en herkenbaarheid. Ook koos men ervoor het publiek in één keer met de nieuwe huisstijl te confronteren, hetgeen een logistieke operatie van formaat met zich meebracht.

Niet veel later kreeg Total Design opdracht ook voor SHV zelf en al haar andere dochterondernemingen een huisstijl te ontwerpen. Door het werk voor PAM en SHV kon het bureau zijn opvattingen over het fenomeen huisstijl op grote schaal toetsen aan de praktijk. Met het resultaat wist Total Design zijn reputatie als ontwerpbureau definitief te vestigen.

SHV en PAM

SHV was in 1896 opgericht door acht steenkolenhandelaren die gezamenlijk een betere prijs wilden bedingen voor de steenkolen die ze uit het Ruhrgebied betrokken. Het bedrijf werd de grootste importeur van steenkolen in Nederland toen deze brandstof nog de belangrijkste energiebron was voor huishoudens en industrieën. In de loop van de tijd bouwde SHV een imposant distributienetwerk op. Haar vrachtwagens en goederenwagons reisden door het hele land en haar vloot binnenvaartschepen stond in de jaren twintig bekend als de grootste van Europa.

Na de Tweede Wereldoorlog groeide het bedrijf uit van een Nederlands kolenkartel tot een wijdvertakte multinational. Zo was zij de oprichter van bedrijven als de Makro, de Kijkshop en Xenos, en nam ze in 1970 de noodlijdende kruideniersketen De Gruyter over. Aanleiding tot deze verbreding van activiteiten was de opkomst van aardolie als voordelige energiebron, waardoor het belang van steenkolen afnam.

In 1950 ging SHV om dezelfde reden samenwerken met de Amerikaanse oliemaatschappij Caltex. Deze leverde oliederivaten als bunkerolie, huisbrandolie, benzine en LPG die via het distributienetwerk van SHV werden verspreid. Voor dit bedrijfsonderdeel introduceerde men de merknaam PAM. Volgens de overlevering verwijst deze naam naar Pamela Fentener van Vlissingen, de vrouw van de toenmalige president-directeur van SHV.

Rond 1960 besloot SHV om PAM sterker als benzinemerk te

gaan profileren. Dit was een zeer ambitieus streven, want het aandeel van PAM op de benzinemarkt bedroeg op dat moment slechts één procent. Om dat aandeel te vergroten, moest het merk zich op positieve wijze onderscheiden ten opzichte van giganten als Shell en Esso. Deze bedrijven bevochten elkaar al sinds de jaren twintig en besteedden veel aandacht aan reclame en aan de vormgeving van hun benzinestations. SHV had zich hier tot dan toe nauwelijks mee beziggehouden, want het bedrijf verkocht voornamelijk bulkproducten en was dus niet consumentgericht.

Bestaande presentatie van PAM voldoet niet

Het bestaande embleem van PAM bestond uit een donkerblauwe druppel met daarin het logo 'PAM' in witte letters. Deze druppel was over een rode driehoek heen geplaatst die verwees naar de ster van het Caltex-embleem. Rond 1960 werd het embleem soms tegen een achtergrond gezet van licht- en donkerblauwe banen, waarschijnlijk om het zwakke embleem wat kracht bij te zetten. Tevergeefs, zoals zou blijken.

In 1962 gaf SHV opdracht aan haar jonge manager H.A.T. Carp (1931) om voor PAM een afdeling verkoopbevordering op te zetten die het merk beter onder de aandacht moest brengen. Carp schakelde het Instituut voor Psychologisch Markt- en Motievenonderzoek (IPM) in om de bestaande presentatie van

---

[1] Instituut voor Psychologisch Markt- en Motievenonderzoek (IPM), *Het PAM-embleem : verslag van twee groepsdiskussies*, (I-1258), 1964, p. I-1-I-3 (I-1): Archief IPM.

'In het begin van de activiteiten hadden Friso [Kramer], Wim [Crouwel] en ik al gauw gezien dat voor het behandelen van grote projecten een aantal dingen genormaliseerd diende te worden, waardoor het ordenen van informatie gemakkelijker kon worden geprogrammeerd en er tijd vrij zou komen voor de behandeling van intrinsieke problemen. Als er in het eindproduct variaties moesten optreden, zochten we bijvoorbeeld naar variaties binnen een modulair systeem, zodat onderlinge relatie, schakelbaarheid en verwante industriële realisatie geen nazorg zouden vragen.' *Benno Wissing, 1983*

PAM te onderzoeken. Uit dit onderzoek bleek dat de meeste ondervraagden PAM zagen als een kleine Nederlandse maatschappij die vooral huisbrandolie verkocht en geen benzine. 'Weinigen weten dat er nog andere PAM-producten zijn.'[1] Deze vaststelling was uiteraard geen aanbeveling voor een bedrijf dat een sterke marktpositie ambieerde tussen giganten als Shell en Esso.

Tegelijk met Carp was A. van der Most van Speijk benoemd als pr-functionaris. Ook hij was zich bewust van het problematische imago van PAM. Pr-bureau Hollander van der Mey gaf hem het advies contact op te nemen met Total Design. In 1963 kreeg dit bureau opdracht van SHV om een huisstijl voor PAM te ontwerpen.

Total Design en Wissing

Het was zeker geen vanzelfsprekende zaak dat deze opdracht aan Total Design gegeven werd. Het bureau was nog maar net begonnen en had zich nog niet bewezen op het gebied van huisstijlen en merken. De ontwerpers bewogen zich meer in de culturele wereld dan in die van de marketing. Het had meer voor de hand gelegen als men voor een bekend reclamebureau had gekozen, maar Carp en Van der Most van Speijk gaven het jonge bureau een kans. Er was Total Design dan ook veel aan gelegen om te laten zien waartoe het in staat was.

Het bureau zette voor deze opdracht zijn meest ervaren ontwerper in: Benno Wissing (1923-2008). Wissing – als schilder opgeleid aan de Rotterdamse kunstacademie – was vanaf 1949 als ontwerper verantwoordelijk voor het drukwerk van Museum Boijmans van Beuningen in Rotterdam. In de daarop volgende jaren bouwde hij een grote kring van voornamelijk Rotterdamse opdrachtgevers op, die hem in de gelegenheid stelde zich te ontwikkelen als grafisch ontwerper. In 1962 werd hij door de oprichters van Total Design benaderd om een van de partners te worden. Wissing ontwikkelde zich tot misschien wel de meest 'totale' ontwerper van het bureau: boekverzorger, affiche-ontwerper, grafisch ontwerper, industrieel ontwerper, interieur-architect en tot slot ook nog eens tekenaar en schilder. Hij was ouder dan de andere medewerkers en beschikte over een grote retorische vaardigheid. Zijn collega's roemden zijn filosofische bespiegelingen en zijn sterke opdrachtanalyses.

Ontwerp en onderzoek van de PAM-huisstijl
Wissing reviseerde het bestaande PAM-beeldmerk door de druppel te stileren, een kwartslag te draaien en hem vermiljoen-rood te maken. Daarnaast ontwierp hij een nieuw logo van zwarte, industrieel aandoende sjabloonletters. Samen met de druppel vormde dit het nieuwe PAM-embleem. Bovendien had hij bedacht dat alle tankauto's en benzinestations helderwit geschilderd moesten worden. Dit met uitzondering van de tank-auto's voor huisbrandolie, die zwart werden.

Voordat tot de implementatie van de huisstijl werd overgegaan, werd het al eerder ingeschakelde markt-onderzoeksbureau IPM gevraagd alle voorgestelde ingrepen en veranderingen uitgebreid te onderzoeken. Dit onderzoek vormde – volgens een artikel in SHV-personeelsblad *Logboek* – de 'objectieve' basis op grond waarvan de beslissing genomen was om de huisstijl in te voeren. SHV ging dus niet louter af op de expertise van Total Design, maar liet alles doorlichten en testen door een derde partij. Die praktijk was in Amerika, dat als lichtend voorbeeld gold, heel gebruikelijk. Daar werd gebruik gemaakt van psychologisch onderzoek, ook wel 'motivation research' genoemd, om te kijken wat voor associaties mensen hadden bij producten, bedrijven, merken en reclame-uitingen.

De IPM-interviewers begonnen met een 'aan huis'-onderzoek

Wissing reviseerde het bestaande PAM-beeldmerk door de druppel te stileren, een kwartslag te draaien en hem vermiljoen-rood te maken. Daarnaast ontwierp hij een nieuw logo van zwarte, industrieel aandoende sjabloonletters. Samen met de druppel vormde dit het nieuwe PAM-embleem. Bovendien bedacht hij dat alle tankauto's en benzinestations helderwit geschilderd moesten worden. Dit met uitzondering van de tankauto's voor huisbrandolie, die zwart werden.

onder tachtig mensen, die zij de nieuwe rode druppel voor-
legden – neutraal betiteld als 'dit figuurtje' – met de vraag wat
voor bedrijf daar bij paste. Hieruit bleek dat men het beeldmerk
goed vond passen bij een oliemaatschappij maar minder goed bij
een benzinemaatschappij. Velen associeerden het echter ook met
fruitconserven, limonade of verf.

Daarnaast onderzocht IPM de associaties die de rode druppel
opriep op basis van de 'semantisch differentieel'-techniek.
Dit was een in Amerika ontwikkelde test die uitging van tegen-
gestelde begrippenparen zoals *ouderwets/modern* of *mooi/lelijk*.[2]
Respondenten gaven op een schaal aan welk begrip ze meer
van toepassing achtten. Uit deze test bleek dat de nieuwe rode
druppel het beeld opriep van een 'zeer modern, zeer vooruit-
strevend, groot, dynamisch, jong' en 'niet typisch Nederlands
bedrijf'.[3]

Een ander onderzoek was gericht op de vraag of de rode
druppel spontaan de associatie met het woord 'PAM' opriep.
Dit onderzoek sproot voort uit de fantasie van Wissing. Ondervraagden moesten zich voorstellen dat de druppel een teken-
filmfiguur was en de vraag beantwoorden met wat voor 'herken-
ningsmelodietje' zijn verschijning gepaard ging. Respondenten
noemden onder andere: 'tik-tik', 'tok', 'blub', 'plonk', 'ping',
'pling-pling', 'plons' en 'ting-ting'.[4] 'PAM' ontbrak en zelfs toen

[2]   Charles E. Osgood, George J. Suci, Percy H. Tannenbaum,
      The Measurement of Meaning, Urbana 1957.
[3]   IPM, *Rapport betreffende een psychologisch onderzoek inzake een nieuw
      PAM-embleem en nieuwe PAM-kleuren, en het bestaande PAM-embleem
      en de bestaande PAM-kleuren in opdracht van de Steenkolen-Handels-
      vereeniging NV te Utrecht* (I-1357), september 1964, p. III-1-III-2 (III-2):
      Archief IPM.
[4]   Idem, p. III-12.

alle tachtig proefpersonen wisten dat het een beeldmerk voor de benzinemaatschappij PAM betrof, noemden maar vier van hen dit woord bij het zien van de druppel. De meesten gaven de voorkeur aan een brandend of knetterend geluid.

Daarnaast testte IPM in zijn laboratorium of het nieuwe embleem beter waarneembaar en herkenbaar was dan het oude. Het bureau gebruikte hiervoor een tachistoscoop, een soort kijkdoos. De proefpersonen kregen een hierin geplaatste afbeelding van het embleem zeer kort te zien, onder belichtingstijden die opliepen van 1/1000ste seconde tot twee seconden. Na elke belichting werd hen gevraagd of zij iets waargenomen hadden en wat ze gezien hadden. IPM concludeerde uit dit onderzoek dat het nieuwe beeldmerk en logo even snel werden waargenomen als het oude embleem. Wel herkende men het nieuwe beeldmerk sneller als 'druppel' dan het oude.

Met een vergelijkbare kijkkast voerde IPM een leesbaarheidstest uit op beide logo's. Hierbij werd de lichtsterkte in de kast in stappen opgevoerd. Uit deze test bleek dat het nieuwe logo beter leesbaar was dan het oude. Het nieuwe beeldmerk werd daarentegen – in tegenstelling tot de uitkomst van het vorige onderzoek – minder goed herkend als 'druppel'. Volgens het IPM zou de herkenbaarheid verbeterd kunnen worden door de druppel minder 'log' en vierkant te maken, waardoor tevens de associatie met benzine sterker zou worden. Total Design hield echter vast aan zijn eigen, modernistische esthetiek.

De testen waren er verder op gericht om uit te vinden wat het nieuwe embleem deed in de praktijk. De onderzoekers verruilden hiertoe het laboratorium voor het Formule 1-circuit van Zandvoort. Hier lieten zij een proefpersoon in een auto naar een bord met één van beide emblemen rijden. Op het moment dat deze het embleem goed herkende, moest hij een zandzakje uit de auto laten vallen, waarna de afstand van het zandzakje

De onderzoeken naar het PAM-embleem zijn wat hoeveelheid en uitgebreidheid betreft waarschijnlijk nooit overtroffen door andere onderzoeken naar huisstijl-emblemen.

tot het bord werd opgemeten. Deze proef werd verricht met drie verschillende snelheden: 50, 75 en 100 km per uur. Hieruit kwam naar voren dat het nieuwe beeldmerk bijna even goed herkend werd als het oude. De leesbaarheid van het nieuwe logo bleek daarentegen veel beter te zijn. Het was gemiddeld al leesbaar op een afstand van 222 meter, tegenover 163 meter voor het oude.

De onderzoeken naar het PAM-embleem zijn wat hoeveelheid en uitgebreidheid betreft waarschijnlijk nooit overtroffen door andere onderzoeken naar huisstijlemblemen. Doorgaans lieten Nederlandse bedrijven alleen een semantisch differentieel-test uitvoeren, waaruit dan bleek – niet verbazingwekkend in de hoogtijdagen van het modernisme – dat het nieuwe embleem gezien werd als 'modern'. Onderzoek naar waarneming, herken-baarheid en leesbaarheid kwam minder vaak voor. Het is echter de vraag wat het opleverde. De nieuwe druppel van PAM werd immers – afhankelijk van het soort test – achtereenvolgens beter, slechter en bijna even goed herkend als de oude. Het enige duidelijke, gekwantificeerde resultaat leverde de laatste test op: het nieuwe PAM-logo was beter leesbaar dan het oude.

Total Design presenteert het PAM-embleem
De ontwerpers van Total Design waren nauw betrokken bij de onderzoeken van IPM. 'We geloofden heel erg in die methode

‘We geloofden heel erg in die methode van die mensen. Het was iets dat parallel liep aan de manier waarop wij ontwierpen. Als je door testen de bevestiging kon krijgen dat je op de goede weg was, dan versterkte dat je positie. Als dat niet zo was, dan kon je ervan leren en op je schreden terugkeren.’ *Wim Crouwel, 2005*

van die mensen’, vertelde Crouwel in 2005. ‘Het was iets dat parallel liep aan de manier waarop wij ontwierpen. Als je door testen de bevestiging kon krijgen dat je op de goede weg was, dan versterkte dat je positie. Als dat niet zo was, dan kon je ervan leren en op je schreden terugkeren.’[5] Ze geloofden niet alleen dat de onderzoeksresultaten een bijdrage konden leveren aan het ontwerpen van een beter embleem, ze zagen deze tevens – niet minder belangrijk – als een ondersteuning van hun keuzes tegenover de opdrachtgever.

Omdat de testresultaten uit het IPM-onderzoek niet altijd even eenduidig waren, bracht Total Design de herkenbaarheid van het nieuwe embleem nog eens onder de aandacht in enkele introductiefolders voor het personeel. Hierin visualiseerde Wissing de overgang van het oude naar het nieuwe embleem door middel van een reeks foto’s. Het oude embleem vervaagde daarin stapsgewijs en ging over in het nieuwe embleem. Deze vervaging moest aantonen dat het nieuwe embleem onder slechte zichtomstandigheden beter herkenbaar was dan het oude.

Aan de Duitse versie van de folder – PAM had ook benzine-stations in Duitsland – voegde Wissing nog een andere fotoreeks toe. De PAM-druppel fungeerde hierop als een rood signaal ('Een nieuwe sein voor energie') dat de automobilist moest aansporen te stoppen bij een PAM-benzinestation. De eerste foto liet een langsrijdende tankauto zien met de rode PAM-druppel erop. Op de tweede foto waren de rode reflectoren langs de weg te zien. Dit beeldrijm vormde de overgang naar foto drie, een uithangbord van PAM dat de automobilist duidelijk maakte dat een benzinestation nabij was. Tot slot werd het embleem op het tankstation en de benzinepomp prominent in beeld gebracht.

Deze fascinatie met de herkenbaarheid van het embleem en de inzet van fotografie om die te 'bewijzen', was bij meer ontwerpers terug te vinden. Zo gebruikte ontwerper Alan R. Fleming in 1960 bij de presentatie van zijn huisstijl voor Canadian National gemanipuleerde foto's om aan te tonen dat zijn nieuwe embleem onder alle omstandigheden goed herken-baar en zichtbaar zou zijn. Ook F.H.K. Henrion liet dergelijke foto's zien toen hij zijn huisstijl voor de KLM presenteerde, evenals Otl Aicher (Lufthansa) en Tel Design (Nederlandse Spoorwegen). De gebruikte foto's suggereerden een weten-schappelijke benadering die in werkelijkheid afwezig was. De ontwerpers poneerden gewoon op basis van in de donkere kamer gemanipuleerde foto's dat het nieuwe embleem beter herkenbaar was.

Implementatie van de PAM-huisstijl

PAM wilde het publiek in één keer met zijn nieuwe visuele presentatie confronteren, zodat het effect van de introductie het grootst zou zijn. Dit stelde Total Design voor een logistiek probleem: hoe konden de meer dan 270 benzineverkooppunten en 160 tankauto's in één keer aangepast worden? Dit werd opgelost door de implementatie van de huisstijl in twee stappen uit te voeren. Eerst werden de benzinestations en tankauto's in de nieuwe huisstijlkleur geschilderd, wat enkele maanden in beslag nam. Vervolgens werd hierop, daags voor de huisstijl-introductie, het nieuwe embleem aangebracht.

Hoe de benzinestations beschilderd moesten worden was niet gemakkelijk te bepalen omdat ze sterk van elkaar verschilden. Dit is waarschijnlijk de reden dat Total Design ze allemaal liet fotograferen. Veel 'stations' bestonden uit niet meer dan een benzinepomp voor een winkel of woonhuis. Hierbij hoefde vaak alleen maar de pomp zelf aangepast te worden. Andere benzine-stations waren groter. Deze beschikten over meerdere pompen, een autowasserette en soms zelfs een restaurant; ze lagen langs drukke doorgangswegen en waren echte blikvangers. Voor deze stations maakte Total Design uitgebreide schilder-instructies en schetsen.

Total Design en SHV waren erg tevreden over de witte huis-stijlkleur van PAM. Volgens Hartmut Kowalke, toentertijd assistent van Wissing, was daarvan het effect dat de chauffeurs trotser waren op hun voertuig en het vaker wasten. Een soort-gelijk verhaal vertelde Carp naar aanleiding van een bezoek aan de Oostenrijkse benzinestations van het bedrijf. De directie daar maakte bezwaar tegen het wit schilderen van de deuren van de tankstations. 'Dass geht bei uns nicht, die Leute sind schmutzig', werd er gezegd, en Carp en Wissing werden meegetroond naar het 'meest vieze mannetje dat je je kan voorstellen'. Wissing hield echter voet bij stuk en toen ze na invoering van de huisstijl terug-kwamen, stond er 'een vent in een keurige overall met gewassen handen'.[6] Met andere woorden: de invoering van de huisstijl bij PAM zou een disciplinerend effect hebben gehad op de werknemers.

Total Design gebruikte naar een idee van Tat-Hwie Kwee, eigenaar van het bedrijf Omniscreen, zelfklevende plakfolies voor het aanbrengen van het nieuwe embleem. Hieruit konden op eenvoudige wijze emblemen worden gesneden. Tat-Hwie Kwee was bekend bij Total Design dankzij zijn vriendschap met ontwerper Kho Liang Ie, die eind jaren vijftig samengewerkt had met Wim Crouwel. Hij had een grote interesse in nieuwe technische ontwikkelingen en stond bekend als iemand die bijzondere opdrachten aankon. Tijdens een bezoek aan Amerika waren hem de toen nog nieuwe kunststoffolies opgevallen.

In één weekend bracht Kwee met een leger oproepkrachten het PAM-embleem aan op het gehele wagenpark. Ook de benzinestations werden van het nieuwe embleem voorzien. Op maandag 1 november meldde PAM trots dat zijn nieuwe gezicht een feit was. In de landelijke dagbladen verschenen advertenties waarin het embleem op prominente wijze was afgebeeld, met als begeleidende tekst: 'Vandaag een nieuw sein voor energie. Voortaan komt Pam u zó tegemoet.'

PAM-huisstijl is normalisatie
Naast de vrachtwagens en benzinestations was ook het drukwerk een belangrijk drager van de huisstijl. Total Design herzag en uniformeerde niet alleen het drukwerk waarmee de klanten in

⁵ Interview Wim Crouwel (Wibo Bakker), 13 mei 2005.
⁶ Interview H.A.T. Carp (Wibo Bakker), 22 december 2004.
⁷ Brief Benno Wissing aan Kees Broos, 15 januari 1983 geciteerd in: Kees Broos, *Ontwerp: TD*, Utrecht 1985, p. 75-76.

In één weekend bracht Omniscreen met een leger oproepkrachten het PAM-embleem aan op het gehele wagenpark. Ook de benzinestations werden van het nieuwe embleem voorzien. Op maandag 1 november meldde PAM trots dat zijn nieuwe gezicht een feit was. In de landelijke dagbladen verschenen advertenties waarin het embleem op prominente wijze was afgebeeld, met als begeleidende tekst: 'Vandaag een nieuw sein voor energie. Voortaan komt Pam u zó tegemoet.'

contact kwamen, maar ook de grote hoeveelheid klein drukwerk voor intern gebruik. Dit vergrootte de herkenbaarheid van het bedrijf en droeg bij tot het efficiënter functioneren ervan. De uniformering van het drukwerk betitelden de ontwerpers met het woord 'normalisatie' of 'standaardisatie'.

Terugblikkend op zijn tijd bij Total Design schreef Wissing hierover in 1983: 'In het begin van de activiteiten hadden Friso [Kramer], Wim [Crouwel] en ik al gauw gezien dat voor het behandelen van grote projecten een aantal dingen genormaliseerd diende te worden, waardoor het ordenen van informatie gemakkelijker kon worden geprogrammeerd en er tijd vrij zou komen voor de behandeling van intrinsieke problemen. Als er in het eindproduct variaties moesten optreden, zochten we bijvoorbeeld naar variaties binnen een modulair systeem, zodat onderlinge relatie, schakelbaarheid en verwante industriële realisatie geen nazorg zouden vragen. Het principe was toepasbaar in architectuur, industrievorm en grafisch product. [...] We lieten alle grafische producten in hetzelfde lettertype zetten [...]. Wat er aan normalisatie bestond, zoals de A-reeks in papierformaten, werd als standaard aan iedere klant aanbevolen.'[7]

Het lettertype dat Total Design gebruikte voor al het drukwerk van PAM was de Helvetica. Dit bekende schreefloze lettertype paste het bureau bij voorkeur toe in onderkast, wat gezien

---

[8] Herbert Bayer geciteerd in; Koosje Sierman, '"Waar een wil is daar is normalisatie": De introductie van het A4-tje in Nederland' in: Frederike Huygen (red.), 1928. *Schoonheid en transparantie, logica en vernuft*, Rotterdam 1993, p. 92-107 (101).

[9] Interview Paul Schwarz (Wibo Bakker), 19 december 2005.

[10] Carp opus cit. (n. 2).

[11] Total Design, [zonder titel], 5 december 1968: Stadsarchief Amsterdam inv. nr. 1019.

werd als efficiënt, modern en neutraal. Hoewel de Helvetica een naoorlogse letter was, dateerde het streven van ontwerpers naar eenvoud en moderniteit in lettergebruik al uit de jaren twintig. Vooral in Duitsland wezen modernisten het gebruik van kapitalen af als zijnde inefficiënt. 'Alles onderkast' was hun devies, of, zoals ontwerper Herbert Bayer zei: 'ich schreibe alles klein, denn ich spare damit zeit'.[8] Dit streven werd mede ingegeven door de Duitse situatie. In het Duits krijgen veel woorden een beginkapitaal en tot in de 20ste eeuw werden voor drukwerk gotische letters gebruikt, die niet bepaald modern aandeden.

PAM basis voor huisstijl SHV

Total Design kreeg veel vrijheid bij de uitwerking van de huisstijl voor PAM. Volgens Paul Schwarz, de toenmalige accountmanager van Total Design, ging het er gemoedelijk aan toe en deed Carp 'eigenlijk alles wat we voorstelden'.[9] Carp op zijn beurt vertelde dat hij voor zijn kennis over huisstijlen leunde op Total Design. De ordening die het bureau nastreefde en de gedachte die erachter schuilging – heldere communicatie – spraken hem sterk aan: 'Total Design vroeg ons: hoe ziet jullie drukwerk er uit? Het was een rotzooi, er zat geen enkele eenheid in! Als je die benzinebon van jullie leest, zo zei TD, staat er: "Wij nemen de geleverde waar niet terug". Wat voor zin heeft het om dat te vermelden op een bon? Als je zegt: "ik wil eenvoud in mijn presentatie", dan moet je ook geen onzin gaan zetten op bonnetjes. [...] Het bureau en ik hielden keihard vast aan het vierkant, de 8 punts letter op de 11 punts regelafstand, de Helvetica, en niets anders dan het A4. Op die consequentheid gingen we geen uitzonderingen maken, want dan was je weg!'[10]

Gezien de goede samenwerking was het niet vreemd dat Total Design ook opdracht kreeg een huisstijl voor SHV en al haar dochterondernemingen te ontwerpen. Op voorstel van Wissing koos men voor een modulair embleemconcept: één embleem voor moedermaatschappij SHV en daaraan verwante emblemen voor de dochterondernemingen. Onduidelijk is overigens of het beeldmerk van PAM al een uitwerking was van het embleem-concept voor SHV of omgekeerd.

Het ontwerpen en invoeren van de huisstijlen voor SHV gebeurde bijzonder efficiënt. Total Design nam de voor het druk-werk van PAM ontwikkelde basislayout over en hoefde alleen de nieuwe emblemen te ontwerpen. Aangezien deze allemaal gebaseerd waren op een vierkant konden ze gemakkelijk ingepast worden. De ontwikkeling van de huisstijlen voor SHV vond haar bekroning in het in 1975 voltooide huisstijlhandboek.

SHV huisstijl bepalend voor denkbeelden Total Design over huisstijl

De enorme huisstijloperatie voor SHV moet Total Design ge-sterkt hebben in zijn overtuiging dat een systematische aanpak en de bijbehorende modernistische vormoplossingen voor het gehele bedrijfsleven geschikt waren. SHV leverde immers producten én diensten aan bedrijven zowel als consumenten. Daarnaast was zij door haar moderne managementmethoden representatief voor het eigentijdse bedrijfsleven. De omvang van de opdracht, de methode om tot de huisstijl te komen en het succes ervan, werden bepalend voor de opvattingen van Total Design over huisstijlen in het algemeen. Dit valt af te leiden uit notities die het bureau rond 1968 opstelde met titels als 'Grond-principes van een huisstijl', 'Over corporate image' en 'House style', waarin duidelijk werd teruggegrepen op de ervaringen bij PAM en SHV.

Die notities waren mogelijk van de hand van Wissing en bedoeld om de gedachten te scherpen. Fragmenten ervan duiken

De enorme huisstijloperatie voor SHV moet Total Design gesterkt hebben in zijn overtuiging dat een systematische aanpak en de bijbehorende modernistische vorm-oplossingen voor het gehele bedrijfsleven geschikt waren. SHV leverde immers producten én diensten aan bedrijven zowel als consumenten. Daarnaast was zij door haar moderne managementmethoden representatief voor het eigentijdse bedrijfs-leven. De omvang van de opdracht, de methode om tot de huisstijl te komen en het succes ervan, werden bepalend voor de opvattingen van Total Design over huisstijlen in het algemeen.

ook op in brieven aan opdrachtgevers. Een typerende introductie-
zin was bijvoorbeeld: 'Gedurende de laatste 15 jaar is [...] steeds
duidelijk gebleken dat de visuele verschijningsvorm waarmee
een onderneming zich presenteert, van groot belang is. Wanneer
deze in al zijn onderdelen konsekwent wordt doorgevoerd,
eigentijds is, en zo min mogelijk onderhevig is aan modeverschijnselen, dan heeft dit een niet te onderschatten positieve
waarde.'[11] Deze opvatting bleef Total Design ook in het volgende
decennium verkondigen.

De ontwikkeling van de huisstijl van PAM speelde een belang-
rijke rol in de ontwikkeling van Total Design als ontwerpbureau.
De systematische aanpak die het hierbij hanteerde en de grote
nadruk op normalisatie maakten duidelijk dat Total Design
als geen ander in staat was op efficiënte wijze grootschalige
projecten uit te voeren. In de jaren zestig groeide Total Design
mede hierdoor uit tot hét maatgevende ontwerpbureau van
Nederland.

De huisstijl van benzinemaatschappij PAM viel bij introductie in 1965 op door zijn krachtige en moderne embleem: de naam in zwarte sjabloonletters met daarnaast een geabstraheerde rode druppel, beide op een helderwitte achtergrond. Voor grafisch ontwerpers was het meteen een klassieker.

Opdrachtgever was het moederbedrijf van PAM, de Steenkolen-Handelsvereeniging (SHV). Kosten noch moeite werden gespaard, want PAM moest een serieus aandeel in de benzinemarkt verwerven. Men koos ervoor het publiek in één keer met de nieuwe huisstijl te confronteren, hetgeen een logistieke operatie van formaat met zich meebracht.

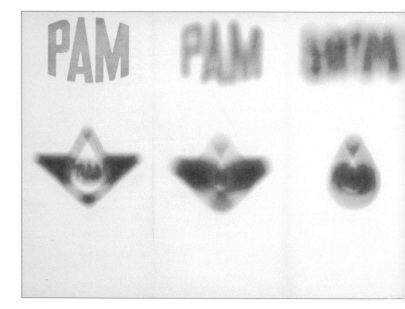

Pam Tankstelle Maartensdijk Niederlande

PAM

Een nieuw sein voor energie.

Waarom?
U wilt in één oogopslag zien waar u aan toe bent.
Wij willen graag dat u PAM uit duizenden herkent.
Daarom komt PAM u nu zó tegemoet.

PAM benzine en olie = SHV energie.

PAM

Pam Districtskantoor Nijmegen
Steenkolen-Handelsvereeniging nv

St. Annastraat 16
Nijmegen
Telefoon (08800) 2 34 33

Onze ref.   Uw ref.   Datum

roepnaam

Juridische Naam bv
Activiteit extra

Naam Formulier

Plaatsnaam, Straatnaam of Postbus 1234

Straatnaam 123
Telefoon (000) 1 23 45
Telex 12345
Telegramadres onderkast

Postrekening 1234567
Bankinstelling Vestigingsplaats
Rekeningnummer 12 34 56 789
Gemeentegiro A 12345

Onderwerp	Referentie	Datum

Hier eventueel extra gegevens zoals filialen verkoopkondities en dergelijke vermelden.
Vanaf regel 64 naar beneden eventueel ook de regels 66 en 67 daarvoor te gebruiken.

De afkortingen nv, bv en dergelijke komen uitsluitend voor in de
juridische naam. Achter deze letters komen geen punten.
Plaatsnaam en postbus zijn op regel 11 geplaatst, zodat deze
zichtbaar zijn door het venster van de envelop.
De straatnaam wordt vermeld in kolom c, regel 7. Indien geen
postbusnummer aanwezig is, komt de straatnaam op regel 11 in
het venster. Deze vervalt dan in kolom c.
De naam van het formulier staat steeds in de huiskleur van het
bedrijf, op regel 7 in de eerste kolom, deze naam is gezet uit de
halfvette Helvetica 8/11.
Alle 8 punts tekst begint met een kapitaal en wordt niet afgekort.
Bij het telefoonnummer staat het netnummer tussen haakjes; het
abonneenummer is gesplitst in groepen van twee cijfers van
achteraf beginnend.
Bij de telexgegevens alleen het telexnummer vermelden, in een
aaneengesloten reeks. Bij het telegramadres alleen de lettercode
vermelden, in onderkast.
Bank- en girogegevens worden uitsluitend vermeld op
formulieren waarbij deze informatie noodzakelijk is.
Gironummers zijn aaneengesloten reeksen cijfers, banknummers
zijn gesplitst in driemaal twee cijfers en eenmaal drie cijfers.
Indien de gemeente waar de statutairezetel is gevestigd verschilt
van de gemeente waar de Kamer van Koophandel is gevestigd,
moeten beide plaatsnamen worden vermeld. In dit geval komt de
laatstgenoemde plaatsnaam tussen handelsregister en nummer.

Letterhead

Abbreviations such as ltd, ltd co, etc, should not be punctuated
and should only be included in the company's juridicial title.
The name of the town and the PO box number should be placed on
line 11, so that they can be read in the window of the envelope.
The street name appears in column c, line 7, except when no
PO box number is used, in which case it should be placed on
line 11, visible in the window.
The name of the form, typeset in 8/11 Helvetica medium, is always
located on line 7 in the first column and is printed in the house
colour.
All 8 points texts start with capitals. Do not use abbreviations.
Telephone numbers should be set out according to national
standard practice.
For telex codes use only the number. This number should be
rendered as one group of digits. The telegramme code should be
typeset in lower case. When it is customary to state the company's
bank and clearing numbers on forms, do so only where this is
essential, observing national standard practice. The same applies
to information regarding statutory addresses, chambers of
commerce, etc.

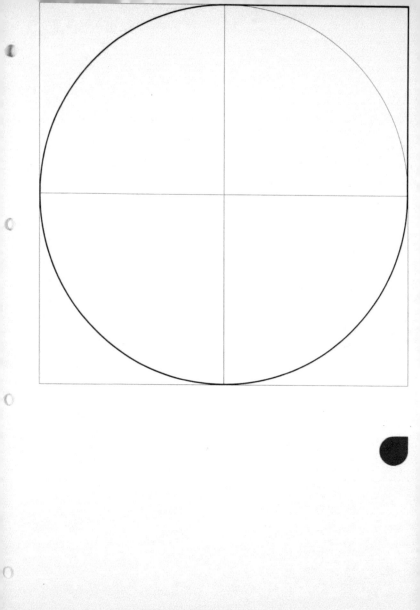

Het PAM beeldmerk is gebaseerd op een vierkant, waarbinnen een cirkel is getrokken die alle zijden van het vierkant raakt. Het beeldmerk wordt gevormd door deze cirkel plus aansluitend de rechterbovenhoek van het vierkant.

Het PAM beeldmerk wordt bij voorkeur in de aangegeven kleur rood toegepast.

PAM symbol
Construction and appearance

The PAM symbol is based on a square. Construct a circle to fit exactly within the square. Join three quarters of the circle to the top right-hand corner of the square to complete the PAM symbol.

The specified colour red should be used for the symbol.

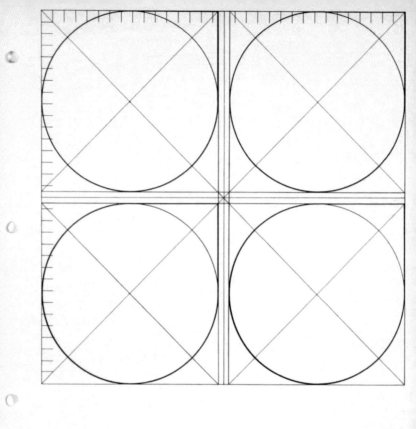

Het Pam Flügas beeldmerk is gebaseerd op een vierkant, waarvan
de zijden zijn verdeeld in 32 eenheden.

Dit basisvierkant is opgedeeld in vier vierkanten met zijden van
15¹/₈ eenheid; tussen de vierkanten wordt een tussenruimte van
een eenheid aangehouden.
In de vierkanten worden diagonalen getrokken. Vanuit de
snijpunten worden cirkels geplaatst die de buitenlijnen van de
vierkanten raken.
Het beeldmerk wordt gevormd door driekwart van deze cirkels
plus aansluitend de rechterbovenhoeken van de vierkanten.

Het Pam Flügas beeldmerk wordt bij voorkeur in de aangegeven
kleur rood toegepast.

Pam Flügas symbol
Construction and appearance

The Pam Flügas symbol is based on a square whose sides are
divided into 32 equal units.

The basic square is divided into four smaller squares, each with a
breadth of 15¹/₈ units and separated from one another bij margins
of one unit.
In each square use the diagonals to determine the centre and
construct a circle to fit exactly within the square.
In each case join three quarters of the circle to the top right-hand
section of the square to complete the symbol.

The specified colour red should be used for the symbol.

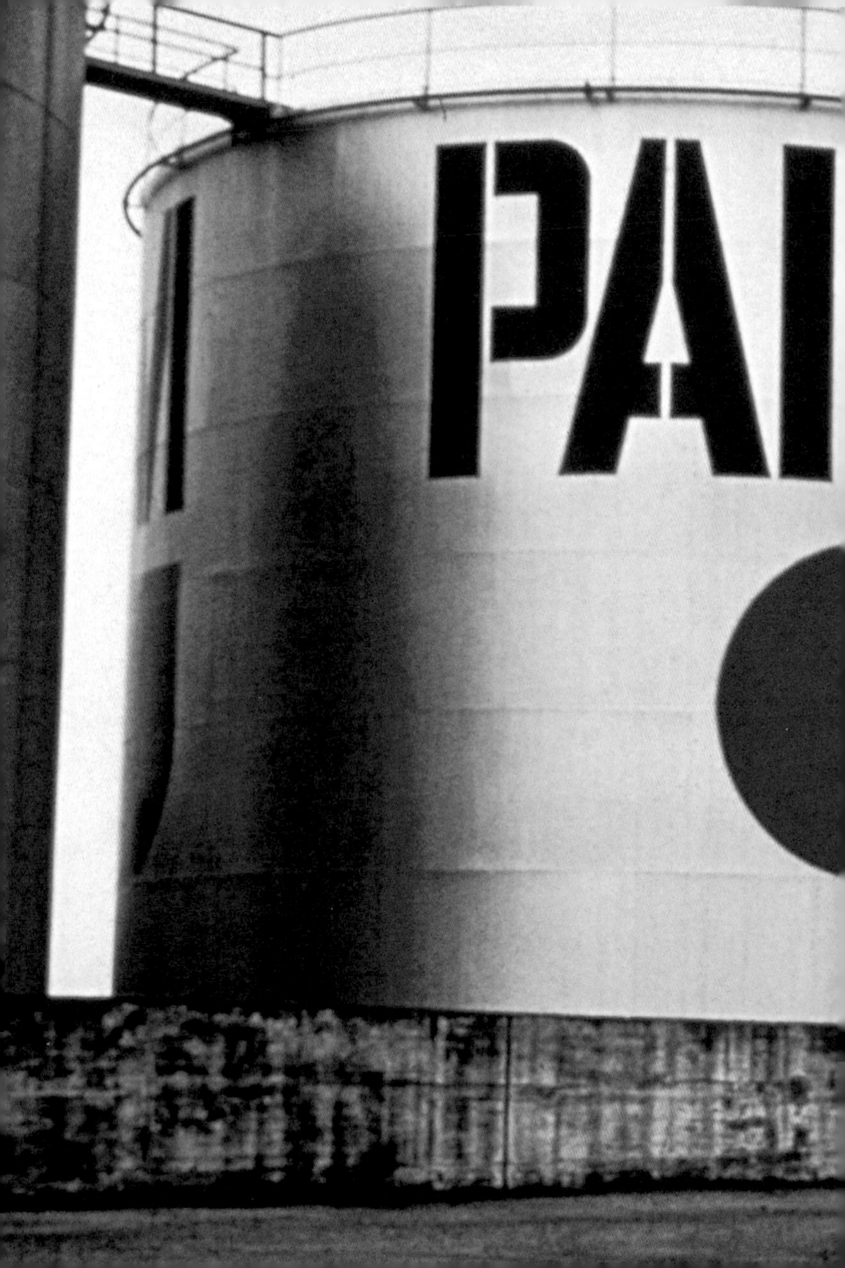
PA

PAM
PETROLEUM

the link
between
supply
and
demand

60

PAM

bunkering guide

flushing station
terneuzen area
ghent area
antwerp
antwerp area
rotterdam
rotterdam area
amsterdam
amsterdam area
kiel canal station

A ShV energy group

---

amsterdam area

	other ports in the area	method of delivery	delivery agents	for all supplies please apply to the general sales office Rotterdam or appointed agent (see page 39 - 40)
all grades of bunkers are available in the Amsterdam area	Velsen IJmuiden Zaandam	Ex barge	Steenkolen-Handelsvereniging nv P.O. Box 1662 125 De Ruyterkade Amsterdam-C Netherlands Telephone Amsterdam 6 34 77 Telex Amsterdam 1 20 10 Telegrams: Famoiliktation Amsterdam (After office hours: Mr. C. W. Petersen Hilversum 1 23 79)	Steenkolen-Handelsvereniging nv Pam Marine Bunkering Department P.O. Box 1070 2 Maaskade Rotterdam 2 Netherlands Telephone Rotterdam 11 03 60 Telex Rotterdam 2 21 55 Telegrams: Famoiliktation Rotterdam (After office hours: Mr. M. Groenewolt Rotterdam 27 64 91 Mr. H. Steil Vlaardingen 34 11 79)

North Sea

North Sea Canal

IJmuiden

Het IJ

Amsterdam

	mon	tue	wed	thu	fri	sat	sun
may							1
	2	3	4	5	6	7	8
	9	10	11	12	13	14	15
	16	17	18	19	20	21	22
	23	24	25	26	27	28	29
	30	31					

independent bunkeroil suppliers
benelux ports

steenkolen handelsvereeniging nv
westerkade 2 rotterdam

PAM-kalender 1964

'We dachten dat PAM 'Petroleum en Aardolie Mij.' betekende. Benno wilde iets doen voor de olieklanten, de scheepsstokers, met hun eigen favoriete "beeldtaal". Paul Huf fotografeerde.

Het ging mis bij de (ongevraagde) presentatie: Pam(ela) bleek de naam te zijn van de echtgenote van de president-directeur van SHV, de heer Fentener van Vlissingen. (Ze léék er niet op...).

't Mocht niet doorgaan.' *Ben Bos, 2006*

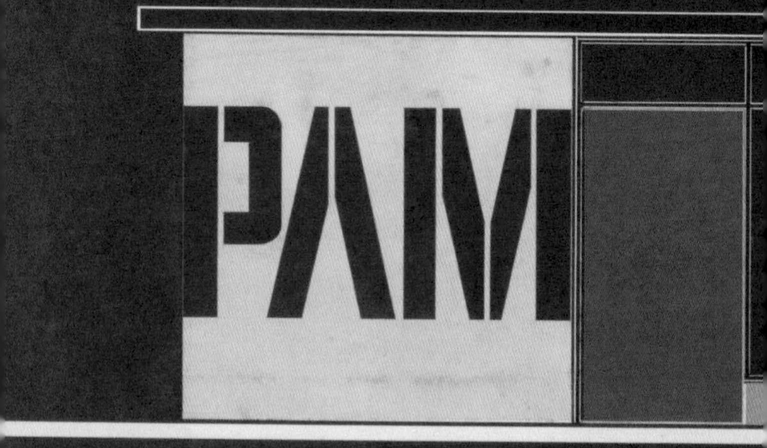

PAM

5e politie na

velsen

PAM

heavy duty
series 1
motor oil

net contents ca 1 litre

HD oil for API Service
ML MM MS DG DM

PAM

heavy duty
series 1
motor oil

net contente ca 1 litre

HD oil for API Service
ML MM MS DG DM

TD 146-3 14 JANUARY 1964

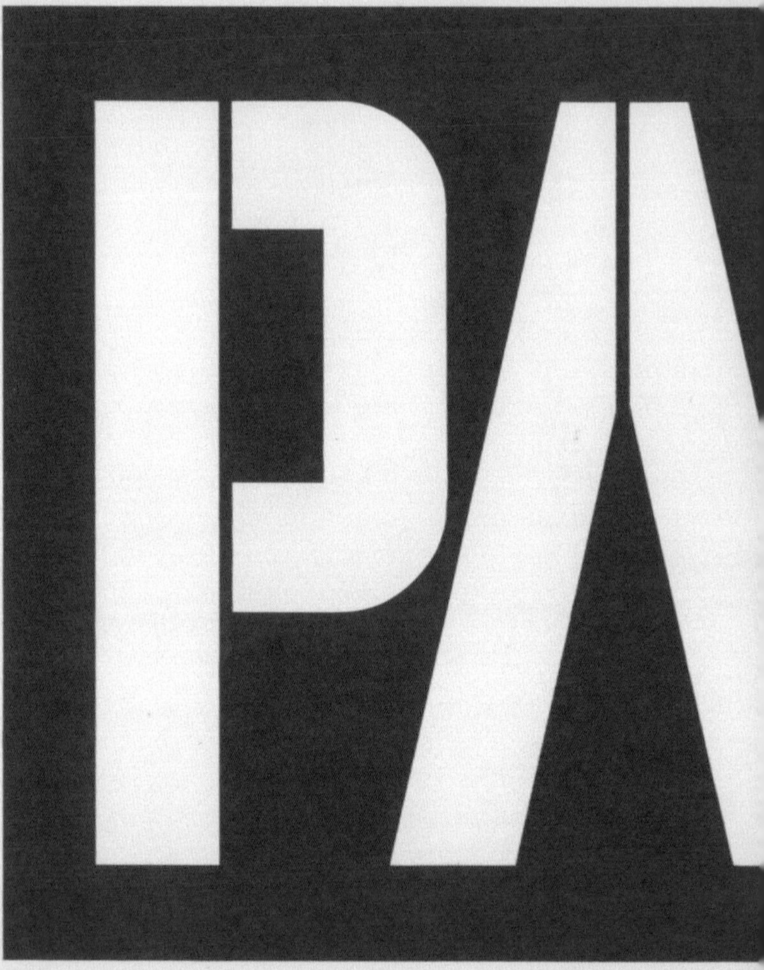

Hoe de benzinestations beschilderd moesten worden was niet gemakkelijk te bepalen omdat ze sterk van elkaar verschilden. Dit is waarschijnlijk de reden dat Total Design ze allemaal liet fotograferen. Veel 'stations' bestonden uit niet meer dan een benzinepomp voor een winkel of woonhuis. Hierbij hoefde vaak alleen maar de pomp zelf aangepast te worden. Andere benzinestations waren groter. Deze beschikten over meerdere pompen, een autowasserette en soms zelfs een restaurant; ze lagen langs drukke doorgangswegen en waren echte blikvangers. Voor deze stations maakte Total Design uitgebreide schilder-instructies en schetsen.

30/9/65

Station Bunnik

wit: - alle metselwerk behalve schoorsteen en trasraam
            - de grote betonlateien aan de kant van de pompen
            - de hangende plafonds
            - de pompen behalve de witmetalen delen en het telwerk

zwart: - de grote constructiebalk met tussenverbindingen
            - de kozijnen van het raamlinks
            - kozijnen en deur service gedeelte
            - staande kozijnen twee bovenlichten kantoor
            - de deplaat van het telwerk in de pompen

rood: - deuren kantoor binnen en buiten

blank: - het blankhouten stuk tussen de twee gebouwtjes

Schoorsteen
wit

Boeibord
zwart

muur wit

trasraam
wit

deur wit

text
...

PAM

DIESEL

Deze foto's, veertig jaar lang opgeborgen in een grote kartonnen doos, vormen nu een vreemde getuigenis van dorpen en straten in het nog weinig gemotoriseerde Nederland. Kleine neringdoenden plaatsten twee benzinepompen voor de deur, hingen een uithangbord op en verdienden een centje aan de langsrijdende automobilisten die een tochtje maakten met hun nieuw verworven voertuig. De auto was een heel bezit. De was wapperde vrolijk in de benzinedampen, kinderen speelden op het erf en vader sleutelde aan auto's of exploiteerde een taxiservice.

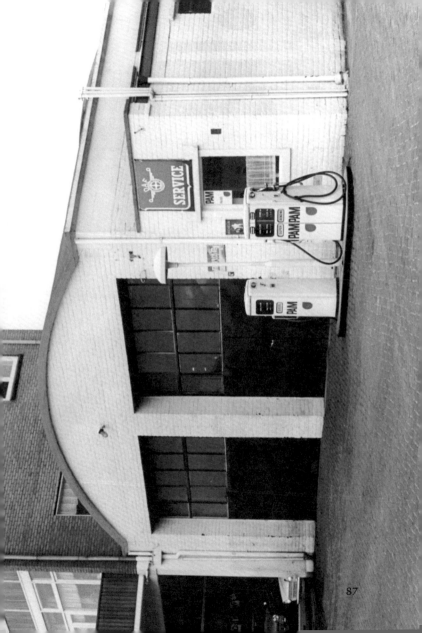

103

107

116

117

123

124

GARAGE
H. WILSHAUS
TELEF. 329

PAM

PAM

136

139

147

157

158

174